창조문학대표시인선 · 303

넘겨지지 않는 것은 추억이다

박병태 시집

창조문학사

□ 축하의 글

청정한 영혼이 빚어낸 솔직담백한 결정체

이 광 복

소설가 · (사)한국문인협회 명예회장

은산 박병태 교수께서 회갑을 맞아 시집 『넘겨지지 않는 것은 추억이다』를 상재했다. 먼저 아낌없는 축하의 박수를 보낸다. 웬만한 사람은 다 아는 사실이지만, 그의 고매한 인품과 덕망은 이 혼탁한 시대의 소금이자 빛이라고 말할 수 있다.

일찍이 그는 가톨릭대학교 서울성모병원과 은평성모병원 개원준비사무국장을 역임했다. 새삼 이 경력을 소환하는 까닭인즉, 보통 한 병원의 개원을 준비하기도 쉬운 일이 아니건만 그가 양대 종합병원 개원에 이룩한 업적이 매우 혁혁하기 때문이다. 이는 우리나라 의료계 최초의 진기록으로 널리 알려져 있다.

그는 또 가톨릭대학교 성모병원 계열과 가톨릭대학교 교수로 35년 이상 장기 근속하는 가운데 뜨거운 열정을 불태워 세인의 귀감이 되었다. 그는 과거 대한병원행정관리자협회 교육원장과 대학병원회장을 역임하였고, 현재 한국병원경영학회 부회장과 가톨릭대학교 보건의료경영연구소장이라는 대임을 수행하면서 병원 경영 분야와 학계의 큰 별로 우뚝 섰다.

그뿐 아니라 그는 재경부여군민회 수석부회장으로 향우 사랑과 부여 사랑과 서울 사랑을 위해 열심히 헌신 봉사하고 있다. 단언컨대 애향심과 애국심은 동전의 양면이다. 애향심 없는 사람에게서 애국심을 기대할 수는 없다. 우리 부여 출신 동향인으로서 박 교수처럼 훌륭한 향우가 존재한다는 사실 그 자체만으로도 얼마나 자랑스러운지 모르겠다.

또한 박 교수에게는 결코 빠뜨릴 수 없는 특유의 덕목이 있다. 웃는 얼굴이다. 입가에 활짝 피어나는 웃음이 잡티 한 점 없는 해맑은 인상과 맞물려 그를 마주하다 보면 저절로 즐거움이 넘쳐난다. 이러한 그의 면모는 아주 깨끗한, 세파에 오염되지 않은 청정한 영혼에서 비롯되는 것이 아닌가 생각한다.

필자는 이번 시집에 수록한 일련의 시편들을 읽으면서 그의 속내를 어느 정도 엿볼 수 있었다. 한마디로 압축해서 말하자면 내 예상은 한 치의 오차도 없이 적중했다. '글이 곧 그 사람'이라는 불변의 대전제를 상기할 때 여기 수록한 작품들은 얄팍한 가식이 아닌, 저 깊은 그의 내면에서 솔직담백하게 우러나온 결정체들이어서 한 결 같이 신선한 감동으로 다가왔다.

따라서 이 시집은 개인의 회갑 기념차원을 훌쩍 뛰어넘어 많은 독자들에게 아주 큰 울림을 안겨 주면서 절찬을 받으리라 확신한다.

박 교수의 회갑과 시집 상재를 거듭 축하하며 앞날에 하느님의 축복이 가득 넘쳐나기를 기원해마지 않는다.

□ 서문

넘어갈 수 없는 것은 인연이고 넘겨지지 않는 것은 추억이다

충남 부여 은산에 소재한 아주 작은 시골마을에서 3남 1녀 중 셋째로 태어났다. 베이비 붐 7080세대이다. 어렸을 적 매우 허약하여 9살에 초등학교에 입학했고, 다른 동년배들 보다 늦게 학업을 시작했다.

일제 강점기와 6.25 동란 때 피난마을이던 산골인 까닭에 중학교 입학할 즈음인 1979년도부터 전기가 들어왔고, 고등학교를 졸업할 때까지 통학 버스 타려면 산 넘고 고개 넘어 30분을 나와야 했던 오지시골에서 살았다.

1983년 대학 입학으로 서울에 올라와 7080세대들이 겪었던 어려운 서울 살이와 시국의 암울함에 고뇌하고, 미래의 막막함에 힘든 시기를 보냈다.

1990년 처음으로 접한 가톨릭 정신에 매료되어 가톨릭대학교 성모병원과 가톨릭대학교에서 35년째 근무하고 있다. 국내 유일무이하게 가톨릭대학교 서울성모병원(2009년)과 은평성모병원(2019년) 개원준비사무국장을 역임하였고, 현재 가톨릭대학교 보건의료경영대학원 연구교수로 재직 중이다.

대한병원행정관리지협회 교육원장과 대학병원회장을 역임하였고, 한국병원경영학회 부회장, 재경부여군민회 수석부회장, 가톨릭대학교 보건의료경영연구소장, 국가보훈부 정책자문위원 역할을 수행하고 있다.

1994년 크라운 베이커리 창작 문학 공모전에서 시 부문 우수상, 2010년 2월 26일 [창조 문학]에서 시 부문 신인문학상을 수상하며 시인으로 등단하였다.

저서로는 『문화가 성과다』, 『인사이트 좀 있는 사람』, 『통찰의 도구들』, 『병원도 브랜딩이 필요합니다』가 있고 서라벌 문예 초대시인으로 시 작품을 발표하였다.

현재는 2018년 무남독녀를 출가시키고 사이(시간과 시간, 공간과 공간, 사람과 사람, 추억과 추억)에서 노래하며 휴심(休心)을 통해 더 아름다운 세상을 바라보는 중이다.

2024년
박병태

넘겨지지 않는 것은 추억이다

박병태 시집

차례

□ 축하의 글

□ 서문

제 1부 인연

국화와 창(窓) ······· 19
봄 찾아 가는 길 ······· 21
헤어짐이 방금인데 내일이 너무 멀다 ······· 23
가을 하늘 ······· 25
이런 친구가 있어 좋다 ······· 27
난 그대에게 ······· 29
사랑이란 ······· 32
욕심 같은 사랑 ······· 33
인연 ······· 35
초가을 햇살 ······· 36
친구의 장례식 ······· 37
너를 보내고 그를 맞이하며 ······· 39
이별 그 처절함에 대하여 ······· 41
이별 그리고 기다림 ······· 43
못다 한 사연 ······· 45
탈출 ······· 47
독도 ······· 50
부부 ······· 51
하얀 겨울 ······· 52
남산과 여인 ······· 54
아버지 단상(斷想) ······· 55
엄마와 부엌 ······· 57
아버지와 막걸리 ······· 60
어머니 ······· 62
그리워한다는 것 ······· 65
겨울 밤 ······· 66

오디 ······· 68
이 너머 콩 밭 ······· 71
엄마의 꿈 ······· 73

제 2부 추억

비와 함께 ······· 77
달개비 꽃에 프러포즈 ······· 79
가을비 ······· 80
복숭아꽃의 꿈 ······· 81
제비꽃 ······· 82
가을은 ······· 84
가을이 살며시 오네 ······· 86
등대 ······· 87
새벽이슬 ······· 88
춘천행 열차 ······· 90
소주 한 병 추가요 ······· 92
가을을 전하고 싶다 ······· 94
버들강아지의 꿈 ······· 96
사월은 꽃물 드는 달 ······· 98
낙엽이 눈물임을 아는가 ······· 100
길 잃은 넥타이에게 고함 ······· 103
허수아비 ······· 105
그리움 하나 ······· 106
함박눈 기다리며 ······· 107
추억은 넘겨지지 않는다 ······· 109
장인어른 ······· 110
시루떡 ······· 112
봄에게 쓴다 ······· 113

단풍 ······· 115
꽃은 웃고 있어 예쁘다 ······· 116
복숭아 꽃 ······· 118
만추(晩秋) ······· 119
봄꽃은 수다쟁이 ······· 120
그림자 ······· 122
춘설 ······· 123
사색(思索)의 계절 ······· 125
가을로 가는 길 ······· 126
낙엽에 대하여 ······· 127
모과 예찬 ······· 129
그대 이름은 ······· 130
유월은 ······· 131
가을 풍속도 ······· 133
호박꽃 ······· 134
마음이란 ······· 136
사람이 꽃보다 아름다운 이유 ······· 137
휴심(休心) ······· 139
*해설: 홍문표 꽃처럼 지극한 얽힘과 사랑의 서정······· 141

제 1부 인연

국화와 창(窓)

세상을 향해
매년 하나씩은 생겼을 법한
그대의 문이
오십 여년 가까이 자리잡고 있다

어떤 문은 겹겹이 봉해 놓고
어떤 문은 꼼꼼히 비끌어 매고
반쯤 열린 문틈 사이로 바라보는 세상은
허허로운 웃음을 가식처럼 피어나게 한다

안타까운 마음에 한숨지을 때
문득 빠끔히 연 작은 창문 아래
하얀 달빛에 빛나는 조그만 국화 꽃 하나
우악스레 크지도 않고
흐드러지게 화려하지도 않지만
다소곳한 예쁜 꽃봉오리 위에
하얗게 머금은 미소가 아름답다

은은한 향기 품으며 한 발짝 다가선
예쁜 가을 국화 한 그루
조심스레 맞잡은 두 손에
따뜻한 온기가 전해진다

그윽한 향기에 취해
정갈한 자태에 끌려
활짝 열어젖힌 창문을 통해
은은한 국화 향이 가슴을 덮친다
온방 가득히 그대의 향기가 번진다
하나 둘씩 닫힌 문이 열린다
닫힌 마음이 열린다.

봄 찾아 가는 길

수줍은 여인의 그리움이
연분홍 빛으로 물들면
내 맘도 설레임에
두꺼운 외투를 꽃물로 물들인다

꽃피는 봄날이
그대 눈에 가득 차면
언덕 길 굽은 길에 그리움 담아
미소까지 가득 담아
님 오시는 그 길에
꽃바람 날리오리다

초록빛 산과 들이
외출 길까지 물들이면
꽃망울 터지는 소리
기지개 펴는 소리
여기저기 침묵이 깨지는 소리

겨우 내 버틴 헌 둥지를
보수하는 이름 모를 새들은
님 소식 전하려
입에 물었던 나뭇가지마저

떨어뜨렸건만
그래도 좋은지
노래하며 날아가는 길
봄 찾아 가는 길

헤어짐이 방금인데 내일이 너무 멀다

곁에 있어
행복하지만
너무 좋아 외롭다는
당신이 그립습니다.

방금 헤어졌는데
첫눈처럼 하얀 이가 아름다운
당신이 보고 싶습니다.

돌아선 지 금방인데
웃을 때면 눈이 더 예쁜
당신의 미소가
다시 보고 싶습니다.

아주 조금의
시간이 흘렀을 뿐인데
역사소설처럼
아련해 지는 시간이 야속합니다.

이제
밤새 뒤척일 일만 남았군요
당신과

방금 헤어진 시간이지만
당신을 다시 볼 수 있는
내일은
너무 먼 시간입니다.

가을 하늘

가을 하늘은
손대기 아까운 도화지 같다

그 위에
그린 그림은
고추잠자리 몇 마리와
회오리바람에 날린
몇 개의 낙엽이면 충분하구나

가을하늘은
맑은 바다와 닮았다

간간이 부서지는 파도는
흰 구름이 대신하고
긴 여행 떠나는 물고기 떼는
때 맞춰 지나가는
가을철 새가 대신하는구나

가을 하늘은
딸을 시집보내는
친정아버지의
속 깊은 정처럼

흘려보내기 아까운 안타까움이 서려있다

아~
가을 하늘은
사랑하는 연인을 보내는 것 보다
더 보내기 아쉬운 하늘이구나

이런 친구가 있어 좋다

멀리 살아도
가끔 한번 씩은 얼굴 보자던 친구
근처 왔다가 그냥 지나친 거 알면
찾아와서 복수하겠다던 친구
협박에 못 이겨 찾아간 길에
값비싼 소갈비는 맛이 없다며
지역 명물 석 갈비를 정만큼 주문하여
배불리 먹도록 배려하는 친구
황새 바위(*) 입구 몽마르뜨 카페에서
커피 한잔 같이 할 잠깐의 짬만 주고
우리 부부만의 호젓한 시간을 위해
별로 바쁘지 않은 사람이 갈길 바쁘다며
자리를 비워주는 친구
상 남자가 갖은 발효액을
예쁜 유리병에 담아
행여나 깨질까 봐 신문지까지 사이에 끼워
오래 두고 먹으려는 발효액인데도
금방 안 먹으면 상한다며
아끼지 말고 먹으라며 건네주는 친구

자기는 술 좋아하지 않는다며
돈 주고도 살수 없는

허리춤 높이의 자연산 대물 도라지 술을
빈 박스에 대충 담아
별거 아닌 것처럼 건네주는 친구
귀한 선물 아까 와서
고이고이 진열해 놓은 사진을 보고
그것은 눈으로 먹는 게 아니라면서
내년에 또 담아 줄 테니
얼른 먹으라고
뒤 끝 있게 관리하는 친구

나는 공주에 이런 친구가 있다.
그래서 참 좋다.

(*) 황새 바위: 충남 공주에 위치한 천주교 성지 이름

난 그대에게

함께 있을 때
설레는 사람보다는
편안한 사람이고 싶고
손을 잡으면 손이 따뜻해지는 사람보다는
마음이 따뜻해지는 사람이고 싶다.

함께 밥 먹을 때
신경 쓰이는 사람보다는
평소보다 더 많이 먹을 수 있도록 해주는 사람이고 싶고
문자가 오면
혹시나 그 사람일까 기대되는 사람보다는
당연히 그 사람이겠지 하는 사람이고 싶다.

걱정해 줄 때
입에 발린 말보다는
따뜻하게 손을 잡아주는 사람이고 싶고
늦은 시간에 문자를 받게 되면
어디냐고 다짜고짜 묻기보다는
아무 일 없냐고 괜찮은 것이냐고
먼저 물어주는 사람이고 싶다.

겨울날 함께 걷고 있을 때

따뜻한 곳
비싼 곳을 찾아 두리번거리는 사람이기보다는
윗옷 벗어주며
어깨를 다정히 보듬어 주는 사람이고 싶다.

화났을 때
자존심을 세우면서
기다리는 사람이기보다는
서로 오해하지 말자고 먼저 손 내미는 사람이고 싶다.

전화 통화할 때
어색한 침묵과 함께
목소리 가다듬고 통화해야 하는 사람이기보다는
자다 일어난 목소리일지라도
편안하게 하루 일과를 얘기할 수 있는 사람이고 싶다.

기념일을 맞았을 때
화려한 이벤트보다
말없이 집 앞까지 데려 다주며
"축하해 "라는 한마디와 진심을 건네주는 사람이고 싶고
서로의 마음이 사랑이라는 일시적인 감정보다는
사랑에 믿음이 더해진

영원한 감정을 공유할 수 있는 사람이고 싶다.

아직 서로 알아가고 있지만
서로에게 많이 익숙해서
사소한 것도
서로 나눌 수 있는 사람이고 싶고
옆에 없으면 곧 죽을 것 같은 사람이기보다는
옆에 없으면 빈자리가 느껴져
허전하게 느껴지는 든든한 사람이 되고 싶다.

그리고
그대로 인하여 행복하다고 말하는 사람이고 싶다.

난 그대에게……

사랑이란

사랑이란,
서로의 가슴에 흐르는 따뜻한 침묵

사랑이란,
마음속에 그리움의 별을 다는 것

사랑이란,
네가 없으면 사라지는 신기루

사랑이란,
영원한 타인을 자신보다 존중하는 것

사랑이란,
혼자라는 슬픔을 둘이서 해결하는 것

사랑이란,
그를 위해 말없이 양보하는 것
진실로 사랑이란,
더욱 더 천진한 웃음을 갖는 것

욕심 같은 사랑

이렇게 질기도록 안타까운 마음은
나로부터 시작되었다.
대상이 무엇이든
모든 사물에 안타까움이 배어 있는 것도
내 마음에서 시작되었다
이렇게 보고 싶은 것도
그렇게 기다리는 것도
그를 사랑하기 때문이다
비 개인 어스름 속에서라도
그의 모습을 생생하게 찾아보고자
눈동자를 키워보는 것은
그를 사랑하기 때문이다

아마 그도 이런 마음일 거라고 생각하는 것은
그래서 더욱 애절한 것은
그를 기다리는 때문이다
마음으로 불러보는 대답 없는 외침이라도
그가 금방 다가올 것만 같은 것은
그를 기다리는 때문이다

여행 떠난 것을 알면서도
전화 한 통 걸어와 줄 것을 기대하는 것은

나의 욕심 때문이다
함께 있는데도 부족함을 느끼는 것도
나의 욕심 때문이다

그러나 그는 언제나 내 곁에 있다

인연

보고 싶다 말하지 않아도
그립다 말하지 않아도
하루에도 몇 번씩 생각난다고 말하지 않아도
그것은 순수입니다

눈에 밟히는 그대를 그리며
보고도 또 보고 파 하는
다 주고도 더 줄 것 없어
안타까운 그것은
그리움입니다.

돌아가고 비켜가도
늘어나는 그리움
마음 깊은 곳까지 물든 그것은
인연입니다.

그것은 아마도
영원히 지워지지 않을
사랑인가 봅니다.

초가을 햇살

가눌 수 없는 아픔이
그리 깊은 가
눈물로 한숨으로
때론 소리 없는 침묵으로
며칠을 그리 뒤척였나 보다

아픔을 토해 낸 성숙함이리
신선함은 바람 향수로
고운 자태는 햇살로 감싼
오래간만에 오신 당신
당신은
사랑이었구려
따뜻한 가슴이었구려

사랑을 품어 안은
초가을 햇살......
간만의 외출이 맑기만 하다.

친구의 장례식

초등 친구지만
몇 십 년 동안 연락도 못했던 친구

갑작스런 부음에 찾아갔지만
영정사진 속 친구도 낯선데
생면부지로 처음 만나는 미망인과의
조문은 낯설기 만하다

서울 변두리 작은 장례식장
일가친척 말고는 찾아오는 이 없는
쓸쓸한 조문 실

저 사람은 누구야? 왜 온 거지?
친구가 없는 낯선 조문 실에 홀로 앉은 나를 보며
경외하는 시선은 헛기침만 부른다.

어색함에도 쉽게 일어서지 못하는 것은
망자에 대한 기억 때문일까?
겸연쩍고 미안한 마음에
소주 한 병 시켜서 슬픔까지 마셔본다

한참을 기다려도

아는 사람 한 명 없는 조문 실
말없이 쳐다보는 너도
할말없는 나도
그냥 침묵 밖에는 ......

사는 게 뭔지
삶에 대한 쓸쓸함 만 커져가는
신월동의 외딴 장례식장에서는
팔꿈치처럼 삶에 대한 외로움이
저려온다.
친구야
한 병만 더 먹고 가마......

너를 보내고 그를 맞이하며

보일락 말락 뒷모습 보이며
이별을 준비하는 너
너를 보내며 나는 그를 기다린다

오랜 동안 반복되는 기억
너를 보내는 아쉬움을 느끼기도 전에
헤어졌던 시간이 어려웠던지
그는 시린 가슴으로 내 곁을 부벼댄다

그가 올 자리에
내가 미리 가 기다리는 마음 한 켠엔
너를 보내기 싫은 마음이 낙엽 되어 떨어진다.
바스락거리는 나뭇잎 하나
아쉬운 이별 준비에 뒤 돌아본다

마지막 눈물이 곱게 물들어 떨어질 때면
그가 한층 가까이 있음에
기다림은 설레 임으로 두근거리게 한다.

기다려본 적이 있는 사람은 안다
세상에서 기다리는 일처럼 설레는 일 있을까
문을 열고 들어오는 모든 사람이

그 이기를 바라는 마음
차가운 바람과 함께
눈부시게 하얀 옷을 입은 그를 기다리는 마음

아주 먼 데서 찾아오는 그를
그를 기다리는 동안 나도 그에게로 간다.
너를 보내야 하는 아쉬움을 잊은 체
나는 그에게로 간다.

내 가슴에 서성거리는 모든 발자국 따라
나는 어느새 그에게로 간다.

이별 그 처절함에 대하여

다가오는 사랑이 두려운 만큼
떠날 준비를 위해
그 만큼의 거리를 두어야 한다는
당신의 사랑 방정식
나는 알지 못합니다.

사랑이란 건
얼어붙은 마음을 조금씩 녹여내
눈망울 아래로 흘려 보내는 것이기에
눈물이 생기기 전에
더 정들면 안된다는 당신의 충고
난 알지 못합니다.

사랑하는 사람을 보내게 되면
더 많은 얼음이 녹아내리고
녹아 없어지는 마음 대신
또 다른 행복이 들어와야 하지만
아픔만으로 가득 찬 가슴에
보내기 위한
정 나기가 필요하단 당신의 말을
나는 알지 못합니다.

한참을 지나서 그 아픔이 얼어
마음 한구석을 멍울지게 하면
차디 찬 가슴이라 할지라도
그것을 추억이라 하겠지요

그 추억을 들여다보면
다시 눈물이 나고 녹아내리고
보낼 수 없는 마음
영원히 묻어버린 당신
이별이라는 아픔보다
보낼 수 없는 아픔이 더 크단 걸
난 아직 경험하기 싫습니다.

난 아직 당신을 보낼 수 없습니다.

이별 그리고 기다림

차가운 바람 날리며
그대와 함께 떠난 버스는
오늘도 무심하게 되돌아 온다

수백 번을 떠나고
수백 번 다시 오지만
빈 차로 되돌아오는
차가운 버스 정류장

얼마나 더 있어야
그리움이 사라질까
얼마나 더 무심한 왕래를 봐야
눈물이 멈출 수 있을까

기다림에 지쳐
뒤돌아 걷는 이 반복이
얼마나 더 있어야
아프지 않고 외롭지 않게
홀로 설 수 있을까

이름만 불러도 눈시울 젖는
생각만 해도 눈물이 나는

기나 긴 겨울의 기다림

마음이 마음을 만져 웃음 짓게 하는
눈길이 눈길을 만져 화사하게 하는
그런 세상을 만날 수 있을까
그런 인연을 다시 만들 수 있을까

차가운 바람 넘어
푸른 싹이 다시 돋고
차가운 바람이
따뜻한 아지랑이로 변했다지만
정류장의 기다림은 그칠 줄 몰랐다

오늘도 저 멀리
마지막 버스가 들어오고 있다.

못다 한 사연

얼마나 애절하여 재색이 되었을까
못다 한 사연이 즐비하게 널려있다.
서열도 없이 뒤섞여 있다.

검지 중지 사이에 외로이 끼어
누가 들어줄까
못다 한 사연

하얀 사연들을 내뱉고 있다.

수북이 쌓여 가는 못다 한 사연
재떨이가 어미처럼 받아 안아서
가나다순으로 사연을 듣는다.

문득
기다란 사연 하나
너무도 안타까움에
꺼지지도 않고 읊어 대고 있다.

청소부가 오기 전까지 끝내야 할 운명
장초의 사연은 길기만 하다.

팽개치듯 버리고 간
무정한 님
아마도 바쁜 일이 있는가 보다.

여기저기 꺾이고 쭈그러진 사연들......
못다 한 사연들이 쌓여만 간다.

탈출

그대여
한번 벗어나 보세요

변심(變心)하고 있는 계절의
길목 어디쯤에서
모든 잎을 다 떨구어
소리도 못 내고 슬퍼하는
마을 어귀
덩치만 커다란 느티나무의
사연이 궁금하다면

혼자서도 충분한
늦가을 한 모퉁이가 되어 보세요.

눈 감아도 잘 보이는
그리움을 따라서
덮어 두어도 생각나는
추억을 찾아서
지금 사랑하고 있는
그 사람과 함께
그대여 지금 벗어나 보세요.

인생의 반을 살았다는 것이……

예전에 보이지 않던
개미들의 이사 행렬에
가던 길 멈추고
장애물 가지를 치워줄 배려도 알고

끼룩~하며 지나가는
철새 한 무리가
서산마루 까마득히 멀어질 때까지
바라봐 주는 여유도 알며

탕탕거리는 소음과
기름 연기 품어내는
늙은 농부의 경운기 소리가
정겨운 줄도 아는 너그러움이
묻어나는 시간 속으로

그대여
일상을 벗어나 보세요.

돌아오는 길에는

양지바른 한 쪽에
가는 청춘 아쉬워
녹색 풀잎에 연연하는
철없는 들 풀 에게

산다는 것,
이렇게 세월이 가는 것이
그냥 가는 것이 아니라
새로운 인생을 꿈꾸기 위해
내가 보내는 것이라고
그렇게 말해 보세요.

새로운 시작을 꿈꾸며
어제 걸었던 그 길이
같은 길일지라도
오늘 걸을 때는 새롭게 시작하며

그대여,
새로운 시작을 위해
새롭게 시작하기 위해
그대여 한번 벗어나 보세요.

독도

멀리 있어도 가까이 있다.
눈에 보이지 않아도
쉽게 갈 수 없어도
제 아무리 물길 깊어도
눈 감으니 보인다
가슴에 품으니 지척이다
마음에 담으니 한걸음이다
출가한 자식같은
우리 땅 독도

부부

숟가락과 젓가락이
하나씩만 있다면 한 벌이라 하지 않는다.
음식을 먹을 때 각자의 역할이 있다.
부드럽거나 국물이면 숟가락이 좋다
단단하거나 길쭉하면 젓가락이 좋다
가끔씩
생선 반찬이 있을 때는
숟가락으로 밥을 뜨고 젓가락으로 생선을 발라
한술에 얹어 먹으면 더 맛있다.
밥 한 상 다 먹을 때까지
숟가락과 젓가락은
또 각 또 각 자신의 역할을 다해야 한다.
간간히 상대의 밥술을 살펴
나의 역할을 보태 주면
식사 내내 웃음이 함께한다.
서로의 역할을 인정하고
때로 도우면 행복이 머문다
아침에도 점심에도
그리고 저녁에도
영원히

하얀 겨울

억새풀 서걱대는 스산한 강가에서
내 발길도 사각사각
방황하며 걸을 때

쓸쓸한 늦가을 너머로
휘몰아치는 모진 겨울바람
시퍼렇게 맑은 하늘
하얀 별빛 쏟아지는 날

오색으로 채색했던 산야는
평생 잊지 못할 꽉 찬 추억을 넘기고
드문드문 남은
앙상한 기억만을 그리게 했지

하얀 입김이 희뿌연 눈발로 바뀌면
나는 다시
너와의 추억을 떠 올렸다네

푸른 것이 다 없어진 겨울은
어느덧 내려앉은 내 흰머리 위로
모습을 숨기며
세월만큼 더 많이 쌓인

그리움까지 몰고

어느새 하얀 겨울이 되어
내 곁으로 성큼 다가왔다네

남산과 여인

맺힌 땀방울은 스치는 바람에
둥지를 틀지 못하고
폭신한 산책길엔 미소 가득 산책객들이
활기차게 산보하는 곳
비스듬히 누운 남산의 저녁 길은
사뭇 신선 하구나

명동역을 나와 골목길 중턱쯤 에서
줄지어 기다리는 저녁식사와
솔잎 몇 개 함께 띄운
목멱산장 차 한잔은
어스름 달빛과 함께 추억을 부른다

높다랗게 치솟은
서울타워 옆에는
꽉 찬 만월이 복점처럼 붙어있고
그림 같은 풍광에 함께 잡힌 여인
밤에 피는 장미처럼
빛나는 그대는
저녁 산책길에 손잡고 따라나선
아름다운 아내입니다.

아버지 단상(斷想)

내가 기억하는 아버지는
천하장사셨다.

아버지는 항상 등 지게를 지고 다니셨다.
날마다 소꼴을 지고 오셨고
겨울철 양지바른 날엔
담벼락 같은 솔가루 땔감을 지고 오셨다
행여나 흐린 날엔
삭정이를 집채만큼 지고 오셨다

아버지는 잠이 없었다.
동이 트기 전에 기척도 없이 일어나
아침식사 맞춰 돌아오실 때는
언제나 무엇인가 지고 오셨다
오전에 나가서 점심에 오실 때도
오후에 나가서 으스름한 저녁 길에 돌아오실 때도
아버지는 언제나 뒷동산을 하나씩 지고 오셨다

아버지는 내가 커서
등 지게를 지지 않는 것이 유일한 바람이셨다
세상살이 아무리 힘들다 하더라도
당신이 지셨던 등지게 보다

덜 무거운 짐을 물려줘야 한다는
일념이 확고 하셨다.

오늘 문득, 30여 년 전
다시 못 올 곳으로 떠나가신 아버지께
아무 짐도 없는 홀가분한 모습은 아닐지라도
당신의 그토록 인내하며 바라셨던 것처럼
조금 작아진 등짐을 지고 있는
나의 모습을 보여드리고 싶다.

오늘은 아버지가 무척이나 보고 싶다.

엄마와 부엌

문도 없는 부엌이라
귀퉁이의 양동이 물도
꽁꽁 얼어붙은 한 겨울

한 해 겨울을 보내기가
그렇게 힘들었던 두메산골에서
엄마는 살을 에는 추위를
아랑곳하지 않고
양동이 얼음을 깨서
맨손으로 밥을 안치셨다

서까래가 고스란히 드러난 천장과
황토로 덧칠한 벽이 그을려
시간의 두께가 덕지덕지 내려앉은
어두컴컴한 부엌에서
엄마는 불을 지피셨다

행여나 구들장이 식었을까 봐
문풍지 샛바람에 감기 들까 봐
엄마는 캄캄한 부엌에서
솔 갈비 군불을 지피셨다

따뜻한 밥 한 끼 아쉽던 시절
어느 것 하나 풍족한 것이 없었던 시절
엄마는 온 가족이 둘러앉아
웃음꽃으로 정을 나누는
부족하지만 넘치는 밥상을
새벽부터 만들고 계셨다

엄마의 부엌은
행복을 창조하는 공간
미래를 준비하는 공간
무엇이 즐거우셨는지
홀로 콧노래 부르시던 무대였다

나는 아직 눈을 감은 채
뜨뜻해지는 등허리에
베개 하나를 끌어안으며
엄마의 행복 공간에
보이지 않는 관객으로
열렬한 박수 대신
살짝 지은 미소를 보낸다

아시는 걸까?

엄마는
갓 지은 가마솥 밥 냄새를
보글보글 된장국 냄새를
섬마을 선생님 2절을
들려주셨다

따뜻한 옥 장판 위에서 꾼
행복한 꿈
오늘 아침은 가벼운 시래깃국이 좋겠다

아버지와 막걸리

이맘 때 쯤이면
밤농사 수확에
두 볼이 홀쭉해지셨던
아버지가 생각난다

농사 일이
어찌 힘들지 않으셨을 까마는
내색도 없이
막걸리 한 사발과 담배 한 모금으로
한숨을 돌리시던 아버지

말없이 주전자 뚜껑에
막걸리를 따라 주시던
아버지

오늘은 아버지 생각에
한 젓가락 집어 주시던
신 김치 생각에
허름한 대폿집을 찾았다

함께 시킨 빈대떡이
다 식어 가도록

곁들여 내놓은 신 김치 한 접시가
다 비워지도록
아버지 생각에 취해
막걸리에 취해

나는 오늘 왕십리 대폿집에서
계시지 않는 아버지께
막걸리 한 되를 받아드렸다.

어머니

끝내줍니다. 어머니, 더 없어요?
마실 온 형 친구들은 우리 집에서
항상 동치미를 찾았다.

어머니는
부족한 살림이라 소금 말고는 넣은 게 없다며
겸손을 담은 큰손으로
고구마와 동치미를 한 광주리씩 내놓았다.

그런데도 먹성 좋은 형 친구들은
두세 번씩 어머니를 더 찾았다.
그럴 때마다 어머니는
내일 당장 우리 식구 먹을 게 없을지라도
한 결 같이 수북하게 내놓으셨다.

일제강점기,
배울 수 있는 기회가 없어 소학교만 나오셨지만
6.25 동란 피난 골인 우리 마을에서
어머니는 제일 유식하셨다.

전후 복구, 새마을운동, 신작로, 지붕개량......
개척기를 온몸으로 맞이하며

야학당처럼 동네 부녀회를 이끄시고
자식들 공부 잘해봐야
부모들 뼛골만 빠진다는 비아냥을
못 들으셨을 리 없으련만
어머니는 자식들 교육에는 한없는 투자를 하셨다.

새댁 시절 꿈이었던 분가(分家)를 위하여
새벽부터 16시간씩 일을 하고도
내 땅이 생기는 재미에 힘든 줄 모르셨다는 어머니

나이 들어 늘그막에는
자식들 학비에 허리가 끊어져라 일을 하고도
졸린 눈 비비시며 찢어진 달력 쪼가리라도
하루 기록을 남겨
고층 아파트처럼 쌓아 두셨다.

그래서 어머니는
삐딱이처럼 허리가 휘신 두에도
온 마을에서 기억력이 가장 좋으셨다.

누가 보는 이 없을지라도
아침저녁으로 제일 큰 장독대에 정안 수 올려놓고

동서남북 합장으로 가족 평안을 위하셨고
한겨울 동지섣달
꽁꽁 언 우물 깨어 정갈하게 목욕하시고
모두들 잠들 녘과 잠 깰 녘에 지성으로 바쳤던 기도 소리는
돌아가시기 전까지 멈출 줄을 몰랐다.

앞으로 그리고 우측으로 허리가 꺾이셨을 즈음
뒤늦게나마 서울로 모셨을 때도
변함없이 똑같은 생활 습관에
내공까지 쌓이셔서
무량 천도 최고 수장 도령으로 추대되셨다

직장생활에 취한 날 밤에는
어머니 곁에 잠이 들었고
그때마다 들려오던 기도 소리에
나는 고향 꿈을 꾸었다

지금도 어쩌다 고향 꿈을 꾸지만
어머니의 기도 소리는 들리지 않는다
조만간 시간을 내어
어머니 산소에 가봐야겠다.

그리워한다는 것

당신을 바라보는 것
그것은 그리움의 시작입니다.
그리워한다는 것은
아픔이지만 선물입니다.
슬픈 선물입니다.

당신을 그리워한다는 건
사랑이 남은 까닭입니다.
그리움이 아픔이 될지라도
때론 슬픔이 될지라도
무척이나 그리운 당신은
나에게 소중한 선물입니다.

그리움은 다시 기다림 입니다.
기다림 속에 그리움이 있습니다.
그리움은 당신입니다.
슬픔을 간직한 그리움
당신은 나에게 슬픔이지만
난 오직 당신만을 그리워하겠습니다.

당신은 내게
내게 정말 소중하니까요.

겨울 밤

불 언제 땠어요, 할머니?
아궁이 불 씨앗이
보릿고개 쌀독처럼 휑하니 비었어요
뒤편 신 우대 바람이 사각사각 춥다네요
헛간에 땔나무도 얼마 없던데
너무 아껴 때는 거 아니세요

너무 썰렁하지 않아요, 할머니?
화롯불 꺼졌나 봐요

아궁이에 불씨가 넘친다더니
메리도 추워서 못 견디더라고요
맛있는 고구마 구워 준다더니
고구마가 배배 마른 걸 보니
화로를 끌어안아도 추울 것 같아요

할머니,
옛날 얘기나 해 주세요
도깨비 얘기도 좋고요
오래오래 잘 살았다는
나무꾼 얘기 또 해주셔도 좋아요

할머니, 너무 추워요
할머니 다리가 너무 앙상해요
할머니 품이 재만 남은
화롯불 같아요

할머니 내일은
제가 감기약 사다 드릴게요

7살부터 초등학교 4학년 때까지 밤마다 외할머니 집에서 잠을 잤다. 외할아버지와 외삼촌이 일제 통치 시절 만주에서 돌아가시고 홀로 되신 외할머니가 외롭지 않으시도록, 춥지 않으시도록 할머니의 말동무가 되어드리라는 어머니 말씀에 따라 할머니 집에서 밤잠을 잤다. 우리 집에서 개울 하나 건너 조그만 초가집에 홀로 사시던 외할머니는 아버지께서 해다 주시는 땔감 나무가 아까와 불을 거의 지피지 않고 추운 겨울을 나시곤 하셨다. 철없던 나는 그렇게 춥게 지내시는 외할머니가 이해되지 않기도 했지만 늦은 밤까지 이런저런 얘기를 해 주시는 외할머니가 너무 좋았다. 한참 전에 돌아가신 외할머니를 기억하며……

오디

누님, 오디 기억나세요?
그땐 참 뽕나무가 흔하기도 했어요

어머니 성화에
누님과 누에 밥 따러 갈 때면
달달한 오디가
새까맣게 떨어져 있었지요

누님은 오디를 주워
하나 둘 예쁘게도 담았지만
전 혓바닥과 입술이 까매지도록
오디를 주워 먹었지요

지금이야 오디가 흔하지 않고
어쩌다 재래시장 귀퉁이에 나오기도 하지만
어디 그 맛만 할까요?

누님, 요즘 세상 참 웃겨요
옛날 누님과 배고파 먹던
오디며, 산 버찌며, 뱀딸기까지
다 웰빙식품이래요
새까맣게 내려앉은 파리 떼 쫓아내고

쉰내 없애려고 찬물에 헹구어 먹던 꽁보리밥이
고가의 웰빙 식인 거 아세요?

저도 어느새 옆구리 살 나오는
중년 직장인으로
회사 사람들과 보리밥 집을 갈 때가 있지요
그래도 가기만 갈 뿐
보리밥을 못 먹고 흰밥 시켜 먹어요

세상 음식 다 먹을 줄 아는데
보리밥만 못 먹어요
어렸을 때 너무 질리게 먹었나 봐요
제사나 명절 때만
먹을 수 있었던 흰밥이 지금도 좋아요
누님도 보리밥 안 좋아하지 않으세요?

세월 많이 흘렀지요?
하긴 할아버지 소리를 들을 때니
오디도 보리밥도 50년 전 이야기네요
허리 아프다고 하신 거 같은데
일어설 때 조심하고
오래 서 있는 거 하지 마세요

누님, 우리 아파트 옆에
아담한 집 하나가 있는데
그 집주인 아저씨도 저와 비슷한가 봐요
조경 나무로 뽕나무를 심었어요
오디를 주시길래 효소를 담았는데
오염된 오디라며 애 엄마가 못 먹는데요
누님께 드리고 싶었는데
다 부질없는 거였어요

버리지도 못하고 먹지도 못하지만
그래도 마음은 뿌듯하네요

누님, 어제 보게 되어 반가 왔어요
편안한 귀갓길 되세요

이 너머 콩 밭

아득한 그 날
아버지 엄니 나와 동생은
밭고랑 엎드려 풀을 뽑았지

꼬부랑 엄니 걸음
두세 번은 쉬어야 도착하는 이 너머 콩 밭

어디서 한 무리 새 떼
소리 죽여 접근했지

새참 싸온 광주리 열어보기도 전에
새까맣게 둘러앉은 배고픈 가족

아버진 허허
잠시 한눈을 파시고
말없이 밭고랑 풀만 뽑으셨지

배고픈 사정을 봐주신 걸까?
언제쯤 새참을 먹자고 하실까?
이틀 전에 허수아비는 왜 세우신 걸까?

아버지 엄니는 어제 먹은 감자가

아직도 우리 뱃속에 남았다고 생각하고 계신 걸까?

궁금한 게 많은 하루해가 길기만 했다

엄마의 꿈

안마당 우물가에는 분꽃이 있었다.
분꽃 옆에는 봉숭아와 맨드라미도 있었다.
간장딸기가 사방으로 가지를 펴고
새까만 열매가 오막조막 달려 있었다.

엄마의 꿈은
새끼손톱에 봉숭아꽃을 으깨 붙이고
간장딸기 두 송이 꺾어 접시에 담아
빠알간 맨드라미 꽃차를 마시며
분꽃이 피어나기 전까지
저녁밥 짓기 전까지

엄마의 꿈은
동향집 뜰팡에 걸터앉아
따가운 햇볕을 피해 기어가는 개미들을
무심히 바라보는 꿈이었다.
한 번도 해보지 못한
잘못 계산된 꿈이었다.

잡초 한포기 없이 깨끗하게 뜯어낸
담배 밭 고랑에 앉아
담뱃잎 끈적이가 머리카락에 들러붙지 않도록

노란 수건 머리에 쓰고
혼잣 노래를 부르시던 시골 아낙네의 꿈이었다.
밤새 피었다가
아침에 오무라드는
분꽃 같은 엄마의 꿈이었다.

제 2부 추억

비와 함께

오랜 가뭄 끝에
내리는 비
겸연쩍음인지 소리 없이
추적인다.

늦은 귀갓길
한 귀퉁이 잠시 멈춰
난......
누군가를 기다린다

딱히 올 사람이 없지만
간만의 단비 따라
말없이 빈 어깨에
손을 얹어줄 수 있는 사람

같이 쓰기 비좁더라도
남은 우산은 접어든 채
우산을 함께 쓰고 싶은 사람

저 비를
한 방향으로 바라볼 수 있는 사람

그 사람이
당신인 것을 잊은 채
난 한 동안 기다린다

간만에 내린 가을비는
기분 좋게 사람을 방황하게 한다.

달개비 꽃에 프러포즈

당신은
한 눈 팔 때나 보이는 곳에
보일 듯 말 듯 피어 있지만

당신의
살짝 비친 속살은
잉크 빛 꿈속 같이
몽롱 하군요

당신은
아버지 지게 위 바작[1]에
살포시 걸터앉아
철없이 하늘대는
각시 잠자리 같아요

어떤가요
무겁지 않지만
잠깐 내려와 손잡아 주면
안될까요?

[1] 바작: '발채'의 충청도 사투리. 지게에 얹어 짐을 싣는 데 쓰는 소쿠리 모양의 물건. 싸리나 대오리로 둥글넓적하게 조개 모양으로 걸어서 접었다 폈다 할 수 있게 만들어져 있다.

가을비

서쪽부터 잿빛 물들인 하늘에
바람 따라 바쁜 구름이
비명을 지르며
비 꽃을 피워냈다

예쁜 추억과 함께
반가운 친구처럼
환한 이를 드러내며
창문을 두드린다

찻잔 마주 들고 엷은 미소로
간만에 찾아 온 친구와
인사를 건넨다

보고싶었다네
오늘은……
좀 머물다 가게나

젖은 옷 때문에 창가에 만 머물던
친구와의 추억담이
국화꽃 밑으로 노래하며 흐른다.

복숭아꽃의 꿈

얼음 녹인 대지 위에
핑크 빛 눈물로 인사하더니

따뜻한 봄을 파랗게 내달려
사춘기 저항처럼
보슬보슬 털까지 덮고
뜨거운 여름을 버틴다

봉긋한 가슴 가지 끝을 부여잡고
발그레 활짝 핀 얼굴
이파리로 감추기 어려울 때면

반듯하게 갈라진 가슴 골 사이로
도톰한 입술과 풍성한 가슴이
교태를 부린다

달달한 향기 바람결에 담아
슬쩍 한번 코끝을 지나칠 때면
내 마음은 이미 취한 나그네

제비꽃

뒷산 산책로
가벼운 운동복 차림의 주민들이
하나 둘 줄지어 올라가고 있네

메마른 모래 덮인
산책로 한쪽 귀퉁이에
철 늦게 핀 제비꽃 하나
작은 소리로 인사를 하네

고향 생각에
꽃반지 만들며 놀던 옛날 생각에
가던 길 멈추고
제비꽃 앞에 살짝 앉아
어린 마음으로 제비꽃 꺾어
꽃반지를 만들어 보았네

천혜향을 좋아하는 우리 딸은 좋아할까?
부인에게 전해주면 소녀처럼 좋아할까?

이미 중년이 되었을
어린 시절 숙자 생각에
얼핏 웃음이 들고

조그만 제비꽃 하나에
잔잔한 미소가 번지네

산책길은 아직 초입인데
더 가기를 멈춘 중년 신사 하나가
꽃반지 하나에 시름을 덜어내고 있네

가을은

이 맘 때면 떠오르는 작은 기억들이
갈색 가을 앞에 다시 그리움으로......

가나다순으로 쌓인 분홍빛 잎새 위엔
다시 수놓은 옛 추억이 펴지고
혼자라는 외로움이 안개 되어 사라진다.

국화 향을 머금고 돌아 온 너
엉킨 억새풀을 슬며시 휘어 감는 가을바람과
농부의 주름 같은 가을 구름은
지나던 기러기와 저 높은 곳으로 ......

쌓인 힘겨움이 하나 둘 날아간다.

가을엔 모든 것을 사랑하고 싶다.
버겁게 휜 가지에 힘겹게 매달린
농찬 단감과
홀로 있어도 풍성한 둥근 호박
저 거 칠은 대지마저도
한없이 정겨운 생각이 들어
벅차는 사랑으로 쓸어안고 싶다.

낯선 사람일지라도
그냥 그렇게
흉허물 없이 다가앉아
푸짐한 얘기들을 나누고 싶다.

가을은……

가을이 살며시 오네

아장아장
간지러운 봄을 지나
헐레벌떡
뜨거운 여름이 가고
듬성듬성
시린 겨울이 오기 전에
옹기종기
따사로운 가을이
살며시 오네

9월의 높고 파란 하늘
조곤 조곤 들려오는
곡식 여무는 소리

가을이
여미 듯 살며시 오더니
어느덧 사방 군데(*)
국화 향을 피우네

등대

홀로 있어
존재하는 거라고……

나 여기 있단 말
차마 내뱉기 어려워
한줄기 빛으로
밤새워 토해내는 소리 없는 외침
사방으로 외쳐보는 소리 없는 아우성

아무도 눈치 채는 이 없이
손짓도 할 줄 모르는 무심한 바다만
간간히 대답한다
철썩, 처얼썩
길 잃은 갈매기만
쉰 목소리로 울어댄다
끼룩, 끼루룩

모두 아침 햇살에 스러진다……

새벽이슬

풀잎 위를 똑똑 두드려
가슴을 열라고 초인종을 누른다

소리 없이 맺힌 영롱한 눈동자
꽃잎과의 투명한 입맞춤
툭 하고 건드리면
화들짝 놀라 이별을 고한다

내가 바라보면 너도 바라보는
마주친 눈빛
왈칵 안아주고 싶어도
흔들릴까 두려워 바라만 보는 사랑

미안해 내가 두려워해서
그래도 살아가는 동안 아름다운 건
지금처럼 바라보는 것이 아닐까

햇볕 들면 사라질 그대
하룻밤을 기다려야 만날 수 있는 사랑
새롭다는 것은 어쩌면
기다림 인지도 몰라

난 오늘도 너를 바라본다.
저기 멀리 먼동이 트면
내일을 기약하며 또다시 너를 본다

춘천행 열차

추석 연휴 토요일
친구 보러 가는 춘천행 열차
긴 연휴 때문인가
고향 길을 다녀온 포근함 때문인가

자리를 양보하는 얼굴에도
미소가 일고
어쩔 수 없는
노인들의 휴대폰 소음도
승객들의 여유로운 미소에
고개를 숙인다

고향에 두고 온 부모님 때문이겠지......

옥수역을 지나 망우역까지
수많은 타고 내림에도
승객들의 표정은 밝기만 하다

경춘선을 기다리는
망우 환승역의
기다란 기다림도 지루하지 않다
선로 넘어 뒷골목

연휴를 잊은 고물 장수의
구수한 노랫소리도 슬프지 않다

친구와의 약속은 별내이지만
이 기분에 묻혀 춘천까지 가볼까?
시원한 가을바람까지
춘천행을 부추긴다

별내에서의 짧은 조우
아마도 우린 긴 춘천행
열차에 오를지도 모른다

이 꿈 저 꿈꾸어 볼 수
춘천행 기찻길이 참 좋다

소주 한 병 추가요

좋은 시간, 좋은 사람
좋은 곳에서 만나면
한 순배 돌기도 전
어김없이 외치는 소리가 있다

이모~ 여기 소주 한 병 추가요~

못 채운 정이 아쉬워
내가 한 병 추가하고
친구도 한 병 추가하고
넉넉한 이모의 서비스 한 병도 얹히니
추가는 한 병이나 오는 것은 세 병이다

배달한 마음 고마워
친구의 배려가 고마워
남몰래 챙겨주던 이모의 마음이 고마워
세 병을 한 병같이
셈이 흐려지는 밤
정이 더해지는 밤

흘린 술이 반이지만
넘치는 정도 못지않으니

여기저기 번지는 웃음
추가 한 병은 세 갑절 웃음으로……

한 병이면 어떠리
세 병이면 어떠하리
셈을 잃은 정 나눔에
시간도 길을 잃어 세배나 빨리 간다

오늘은 늦었지만
자꾸 웃음이 나는 밤이다

가을을 전하고 싶다

교외로 향하는 기차에 앉아 있으면
언제나 가을이다
사연이 듬뿍 담긴 낙엽 없어도
저 만큼 높아진 푸른 하늘이 아니더라도
한 줌의 바람만 있다면
이름 모를 기차역이 낯설지 않다면
언제나 가을이다.

창가에서 밖을 바라볼 수 있다면
언제나 가을이다
부드러운 음악과 따뜻한 커피 없어도
옷깃을 세운 행인마저 없을지라도
내다보는 창밖에 그대가 떠오르면
언제나 가을이다.

낡은 사진 한 장 들고 있으면
언제나 가을이다.
부드러운 속삭임을 들을 수 없어도
환한 미소마저 볼 수 없어도
묵은 사진첩에서 사진 한 장 빼어 들고
미소를 머금을 수 있다면
언제나 가을이다.

늦은 시간이지만 전화 한 통 하고 싶다면
언제나 가을이다.
전할 사연 없더라도
그의 목소리에 계면쩍게 웃음만 흘릴지라도
그의 전화번호를 찾고 있다면
언제나 가을이다.

그에게 가을을 전하고 싶은 마음이면
언제나 가을이다.

버들강아지의 꿈

주름살처럼 길게 늘어선
잔잔한 물결 끄트머리에
새싹을 밀어내는
버들강아지의 안간힘이 있다.

진땀 밴 눈망울이 부드럽지 않다

이 세상이 얼마나 아름다운지 아느냐고
한 겨울을 물기 하나 없는 마른 가지로
살아본 적이 있느냐고
발목까지 얼어붙는 추위를
맨 살로 버텨본 적이 있느냐고
터럭 같은 틔움 하나에
인생을 걸어 본 적이 있느냐고

그래서 당당하다고
솜털처럼 여리게 보지 말라고
속에 품은 푸른 꿈이
얼마나 원대 한지 아느냐고

보라고 한다
느껴보라고 한다

아무 때나 볼 수 있는 것이 아니라고 한다.
눈이 아니라 마음으로 보라고 한다
하얀 겨울 꿈이 파란 꿈으로 변하는 것을
지켜보라고 한다.
한줄기 강한 바람에도
꿈쩍도 않는
버들강아지의 꿈

그 꿈을 이루기 위해
얼어붙는 화단에
하얀 별이 뭉글뭉글
몇 번이나 굴렀는지 모른다.

봄은 그렇게 치열하게 온다.

사월은 꽃물 드는 달

언제부터 일상에 묻혀
창가에서 노래하는
새가 있다는 것을 모르고 있었다

언제부터 일상에 젖어
코끝을 스치는 바람이
꽃 바람임을 모르고 있었다

냉기 털어 낸 빈 가지에
새순이 돋아나고 있음을
무심하게 넘기고 있었다

언제부터 일상대로
그냥 황사가 오는 거라고
그냥 날이 덜 추워진 거라고
그냥 외투가 무거워진 거라고
그냥 그렇게 살고 있었다

굳은 땅바닥에서
뾰족이 얼굴 내미는 저 녀석은
작년에 꽃피었던
이름 모를 그 녀석일까?

버려진 담배꽁초
수북하게 쌓였는데도
굴하지 않고 솟아오르는
저 녀석은 누구일까?

사월은 삼월보다 아름다운 달
사월은 오월보다 잔인하지 않은 달
사월은 내 마음에 꽃물 드는 달
사월은 그렇게
사랑하고 싶은 달이다

사월은 친구가 보고 싶다
윤중로 벗 꽃보다
홍조 들린 선암사 홍매보다
진달래의 수줍은 교태보다
흐드러진 하얀 목련보다
더 보고 싶은 친구
꽃물 든 너의 얼굴 보고 싶다

낙엽이 눈물임을 아는가

떨어지는 낙엽이 눈물임을 아는가?

아름답게 흩날리는 낙엽이
눈물임을 아는가?

붉은 치마 노랑 저고리
나풀나풀 춤추며 떨어지는 낙엽이
눈물임을 아는가?

살랑 바람 한 줌에도
성난 벌 떼처럼 쏟아지는 낙엽들이
눈물임을 아는가?

공원 마당 한 쪽에
작은 회오리 일면
모닥불 연기처럼 따라 오르며
울어재끼는 낙엽들이
눈물임을 아는가?

벤치 위에도
산책길 위에도
팔각정 지붕 위에도

떼 지어 올라앉아
목 놓아 울고 있는 낙엽들이
눈물임을 아는가?

한줄기 빗방울에
아우성 한번 못하고
소리 없이 절규하는 낙엽들이
눈물임을 아는가?

엄동설한 애린 바람이
가까이 왔음을 알기에
모진 빗자루로
쓸어내 어도
마대 포대에
둘둘 담겨 버려진다 해도
끊임없이 눈물로 하소연 하는
낙엽의 슬픈 사연을 아는가?

동토를 녹여
아지랑이 필 때까지
절대 울지 않을 새싹을 피울 때까지
마지막 눈물이 떨어질 때까지

가을나무의
눈물은 멈출지를 모른다

길 잃은 넥타이에게 고함

간밤 빗물에 씻긴
열끝자리 화투 한 장
출근길 복판에 선명한 아침

아침부터 울어대는 전화 벨 소리
잘못 없이 원인도 없이
그냥 들어야 하는 고객의 호통 소리
때로는 표적이 어딘지도 모르고
거침없이 쏟아내는 아군(我軍)의 총알이
더 아픈 하루

내용도 모르고 관련도 없지만
참석했다는 이유 하나로
모든 협의가 끝난 책임 분산용 회의는
여러 차례 혼을 뽑는다

정신없이 돌아오니
밀린 지시가 가득하여
주섬주섬 아침에 펼친 그대로 다시 접어 넣는다

어디로 가야 하나 길 잃은 넥타이……
지하철 3호선엔 길

잃은 넥타이가 그득하다

목적지에 내려서
치킨 한 마리에 캔맥주 두개를 담아
오늘 하루 처진 어깨를
추켜세워 본다.

내일은 버스를 타자
새롭게 시작해 보자

허수아비

지푸라기처럼 풀썩 주저앉더니
훌쩍 떠나가신 님

해마다 가을 오면 산들은 울긋불긋
자동 수채화

가을바람 화가처럼
덧칠하듯 휘돌리고
저 멀리 붉은 석양빛은
재가 되어 흩어지건만

멀리 허수아비 하나
허허롭게 웃고 있는데
가신님은 여전히
돌아올 줄 모르네

그리움 하나

소쩍새 한 마리
초저녁 어스름에
가슴 깊이 후벼 울고

가랑잎이 뱉어내는
영혼의 기침소리

지나간 청춘인가
가물가물 허허로운 둑방길

그대 지나긴 빈자리
다른 무엇도 채울 수 없어
해 넘긴 뒤통수
여운 깃든 저녁놀

돌아서면 눈물이 날까
돌담 너머 시린 그리움에
가을이 깊어간다

함박눈 기다리며

님의 눈웃음 같은
커다란 함박눈을
애달픈 처녀가슴으로
애절하게 기다립니다.

점점 짙어 오는
잿빛 하늘 바라보며
양지바른 언덕
철없이 잠깐 핀
개나리처럼 들 떠
벅차게 기다리고 있습니다.

시린 몸뚱이 보듬어 안고
님의 하얀 보조개 같은
함박눈을
그렇게 마냥 기다리고 있습니다.

시리도록 아프게 떠난
님을 대할 용기가 없어
몰래 숨어 기다리던
첫사랑 같은 기다림 입니다

저 편 한쪽에서
예전의 그 눈웃음
가득 머금고
하얀 이 드러내며 오시는 님

한 해를 꼬박 기다려 만나는 님
내 얼굴에도 함박눈 같은
미소가 피었습니다.

끝없이 내리는 함박눈이
그칠 때까지
나는 그렇게
벅찬 가슴 끌어안고
밤새도록 잠을 설쳤습니다.

추억은 넘겨지지 않는다

추억은 언제나 과거형이다
추억은 혼자 생기지 않는다
추억은 시간을 거슬러 쌓이지 않는다

추억은 바랠수록 아련하다
추억은 두 사람일 때 애절하다
추억을 꺼낼 때는 순서가 없다

추억은 넘기는 것이다
꺼낼 때도 되돌아갈 때도
추억은 넘기는 것이다

진짜 추억은
넘어가지 않는 것이다

장인어른

장인어른은
나를 항상 Mr. Park이라고 불렀다
처음에는 어색했지만
그것이 특별한 감정이란 걸
나중에 알았다

장인어른은
미 8군을 평생직장으로 두셔서
빵과 커피를 많이 즐기셨다
키는 작았으나 눈썹은 누구보다 짙고 길었다
평상시는 말 수가 적었지만
속정이 깊으셨다.

천둥과 번개가 치던 날
이태원의 어느 길 가에서
스키드 마크 소리가 어둠을 찢을 때
머리에 구멍이 뚫리고
붉은 비가 거꾸로 내렸단다

그 후로 장인어른은
비가 한쪽으로만 내렸는지
편마비 증세셨지만

어색하지 않은 동작으로
여기저기 이 사람 저 사람에게
소보루빵을 나눠주거나
길거리 쓰레기를 하루 종일 치우거나
좋아하는 것과 싫은 것을 분명히 가르셨다.
그러다가
나만 보면 허허하거나 춤을 추셨다

얼마 전 선영 방문 길에 만난 김천의 어르신들은
"자네가 상수 사위인가?"
"자네 장인이 큰일을 많이 하셨다네"
여기저기 칭찬일색이다

큰일을 많이 하신 분인데
내가 처갓집 식구들 몰래
추가로 하나 더 준비한 것은
커피 한잔과 소보루빵 한 개였지만
생전에 가장 즐겨하셨던 것이니
부족하지만 충분했으리라 믿으며
그분의 허허로운 춤사위를 떠올려 본다

시루떡

담갔다 말린 보슬 쌀이
부딪치고 으깨어져
가루가 되면

고운 채로 곱게 거르고
켜켜이 고물을 깔아
둥그런 시루 안에 둥지를 튼다

빈틈없이 뜸질하여 한 눈 팔지 못하도록
뜨거운 열정으로 밑동부터 달궈주면

참지 못한 한숨이 뚜껑 위로 솟아 오른다

김이 모락모락
한 점 떼어 맛을 보고
평생을 열심히 살아온 그대에게 한 접시
아직도 뜨거운 내 심장에도 한 접시

나는
빈 시루가 될 때까지
죽어서도 잊혀지지 않는 뜨거운 기억이고 싶다

봄에게 쓴다

날이 풀렸다고 알려라
물 올려야 한다고 알려라
여기저기 전할 말 모아
너에게 쓴다

너에게 쓴 마음이
닿기도 전에
날씨가 먼저 도착할지도 모른다

10년 전만 하더라도
너에게 가는 길까지
왔다 갔다 신발이 다 닳도록
오솔길이 생겼을지 모른다.

이제는 이메일 좀 쓰자
잎이 진 자리에 눈망울 튼다고 쓰고
꽃이 진 지리에 있던 빈 꼭지는
떨어트릴 때가 됐다고 쓰련다.

너에게 쓴 마음이
벌써 하늘까지 닿았다.
이제 내일부터

새 날아와 앉은 자리에
새싹이 올라올테니….

단풍

예쁘다. 예쁘다.
정말 예쁘다
너같이 예쁜 것은
처음 봤다

너를 만나면
반말부터 나온다.
"야, 진짜 예쁘다"

너를 보면
말이 짧아진다.
"아이고 곱다"

그리고
너를 만지면
뜬금없어진다.
"사랑해"

꽃은 웃고 있어 예쁘다

꽃은 웃으며 핀다
무에 그리 좋은지 웃으며 핀다

목젖까지 보이는 호박꽃의
환한 웃음이
찢어질 듯 웃어대는 해바라기의
파안대소가
살짝이 숨어 웃는
진달래의 아름다운 뒤태가
그녀의 미소 같은 코스모스의
속삭임이
웃지 않고 핀다면 이토록 어여쁠까

알 듯 모를 듯 미소 짓는 안개 꽃
찡그리며 미소 짓는 하얀 찔레 꽃
뾰족한 입술 내민 나리꽃까지
표정은 달라도 웃지 않는 꽃이 없다

눈웃음 진 매화꽃의 매력도
웃다 지친 벚꽃의 흐드러짐도
황실의 예의 바른 능소화의 미소도
고개 숙여 웃는 할미꽃마저도

웃고 있어 웃음이 난다.

꽃은
웃고 있어 예쁘다

복숭아 꽃

푸른 잎이 돋기도 전에
피어난 복숭아 꽃

너는
네 활개 팔다리에
걸터앉은 추억 같구나.

수줍은 듯
가려진
홍조 띤 보조개 같구나.

아니 너는
차라리
초경(初經) 같이
바알간 몸부림 같구나.

만추(晩秋)

마지막 잎을 버거운 힘으로
부둥켜안은 가로수가
안쓰럽기보다 아름다워 보이는 건
아마도 이기심 때문이리라

수북이 쌓인 꺼진 생명을
심술궂은 바람보다
더 심한 짓밟음으로
그들을 지나갈 수 있는 건
아마도 잔인함 때문이리라

그러나 시집 한 권 손에 들고
호젓하게 걷고 싶은 마음이 생기는 건
내가 인간이기 때문이리라

가을이 깊어진 때문이리라

봄꽃은 수다쟁이

정신이 하나도 없다
여기서 조잘조잘
저기서 까르르
옆에서 재잘재잘
뒤에서 두런두런

봄꽃은 수다쟁이다.
이름 모를 꽃들이
쉴 새 없이 떠든다

낯을 가리지도
말을 꺼려하지도
주저함도 없다.

가장 잘하는 말로
제일 예쁜 미소 지으며
최고의 자태로 말을 걸어온다

아무리 바빠도
가다 말고 서서
귀 기울이고 자세히 보면
수다쟁이는 우주가 된다

정말 봄이다

그림자

따뜻한 봄날
진한 햇살 같은 다독임으로
언제나 따라붙는 내 분신

사는 것이 어찌 꽃길만 있으랴
말없이 바라봐 준 너였기에
넌 바람은 아니었다

비 오는 날은 눈에 띌까
목소리 낮추고 빗소리에 숨어
보이지 않는 격려를 보내주는 너

마음 한켠 내주기 힘든 세상
사랑하는 사람도 변심하거늘
너는 참 한결같구나

바람이 끊임없이 흔들어도
햇빛 한 줌 비추면
너는 나이고 나는 너인 우리는
둘이면서 하나인 우리는
영원한 동반자라네

춘설

매서운 한파를 견디고
기지개 펼치는 새싹들을 위한
감격의 눈물인가

애린 추위에 맞서
겨우내 차가운 꽃으로 버텨 온
마지막 한숨인가

참고 참았던 내뱉음이
새싹 돋아난 가지 위에
살포시 내렸다가
눈물 되어 떨어진다

양지바른 대지에 아지랑이 한 무리가
요염한 몸짓으로
찬사를 보낸다.

반쯤 녹은 얼음 밑으로
졸졸 눈물 개울 흐르고
살짝 발 담근 새싹들의 눈빛은
윤기가 돈다.

기분이 좋다
평화가 감싼다

사색(思索)의 계절

사색의 계절의 어디쯤에서
코스모스처럼 거닐고 싶을 때면
가을 한 모퉁이가 되어 보세요.

낙엽에 새긴 추억을 찾아
시간에 묻은 그리움 찾아
그대여
지금 그 자리를 벗어나 보세요.

잘 익어 고개 숙인 볏 이삭들 에게
산다는 것
이렇게 세월이 가고 있다는 것이
아쉬움이 아니라
새로운 꿈을 꾸는 것이라고
혼자라도 그렇게 말해 보세요.

꽃 길 따라 살금살금 걸어보세요
콧노래도 나지막이 불러보세요

가을로 가는 길

가을로 가는 길은
화려했던 개망초가 지쳐가는 길
수줍은 들국화가 화장하는 길

가을로 가는 길은
주름이 생긴 허수아비가
고상하게 익어가는 볏 이삭들을
흐뭇하게 바라보는 길

가을로 가는 길은
바람결의 안내 따라
콧노래 흥얼대며 걸어가는 길
추억 속의 그대도 함께 걷는 길

가을로 가는 길은
코스모스 아가씨 활짝 웃으매
까칠한 밤송이 큰 입 벌리고
추억 따라 미소도 함께 걷는 길
찰수수도 고개 숙여 추억에 젖는 길

가을로 가는 길은
혼자 걷지만 여럿이 함께 걷는 길

낙엽에 대하여

바람에 흔들리는 것인지
흔들림에 바람이 오는 것인지
남보다 먼저 희생하여
낙엽이 되는 것인지
생을 다하여 낙엽이 되는 것인지
계절이 변하여 낙엽이 되는 것인지
낙엽이 지니까 계절이 오는 것인지

너는 수많은 의혹을 품고
가볍게 흔들린다

힘이 들기도 하겠다마는
그침 없는 흔들림에도
마지막 힘을 다해
예쁘게 화장을 한다
가만, 한 번 더 스치는 바람에
최대한 소리 없이 멋지게
곡선 비행을 한다

착지 후에도
치장한 얼굴은 하늘을 향해
아름다움을 유지하니

너는 온통 예쁘기만 하구나

또 한 번 몰아치는 바람에
각종 예쁜이들이
함께 모여 군무를 준비한다

너는 심술궂은 바람에도
이리저리 살풀이로
끝까지 아름다움을 잃지 않는다

너의 아름다운 최후는
눈서리 올 때까지
흐트러짐이 없을 태세다

오늘 낙엽들이 유난히 예뻐 보인다.

모과 예찬

곧고 굳은 기상은 관상수로 수려하고
둥 그스름 그 잎새는 외유내강(外柔內剛) 근본이라.

향긋한 그 내음은 만향의 으뜸이고
겸손한 그 미덕은 추안(醜顔) 속에 담겼구나

굳은 마디마디 충실한 2세들은
노랑 저고리 추녀(秋女)들과
구별 없이 닮아 있네

남다른 향취 내며 찻잔 속에 스며들면
그 님의 입술 같이 달콤하기 그지없고

숙성한 그 자태가 한 말 술과 어울리면
신선의 불로주(不老酒) 요 기개 높은 선비 주라

만고의 만물 중에 으뜸인 모과수는
만장(滿場)의 바위같이 언제나 변함없네

그대 이름은

외로울 땐 다정한 연인처럼
슬플 땐 오랜 친구의 다정한 손길처럼
기쁠 땐 알싸한 탄산수처럼
힘들 땐 얼은 손 데워주는 겨드랑이처럼
그리울 땐 말없이 오가는 사랑하는 눈길처럼
늘 곁에 있어
소중함을 몰랐던 아내처럼
한참을 눈감고 있으면
아련하게 떠오르는 첫사랑처럼
가끔은 부드러운 실타래처럼
때로는 뜨거운 태양처럼
입 안 가득 데일 듯 휘몰아치는 감동

오늘은
은은한 향기로 다가서기에
살짝 눈을 감으니
달콤한 키스처럼 다가오는 너

그대 이름은
Coffee

유월은

유월은
맛있는 달이다

초록빛 아침도
투명 이슬에 세수한 꽃들도
태양 실은 한줄기 바람도
유월을 음미하며
입맛을 다신다

이름 모를 산새 한 마리
향기 짙은 숲으로
잠자리하나 입에 물고
미소 지으며 사라진다

유월은
죽순보다 크지만
아직 여물지 못한 대나무처럼
한여름보다 약하지만
나름 불볕더위를 뿜어 보는
태양처럼
완숙보다 매력적인
반숙 같은 달이다

그래서 유월은
더 맛있는 달이다
더 멋있는 달이다

가을 풍속도

가을의 하늘은 아름다워라

높푸른 하늘도 하늘이지만
섬세하게 그려지는 가을 풍속과
아쉬운 손짓으로 날려보내는 한숨도
짙은 노을에 사라지도다.

햇발 길게 늘어질 때면
소리 없이 찾아 온
한 줌 바람과
쓸쓸히 스치는 가을 기운마저도
코스모스 물들인
가을 풍속 위를 산책하노라.

문득,
새벽바람은
성큼 올 서릿발을 따라
골목길을 헤집는
두부 장수의
방울 소리를
운명처럼 듣는구나

호박꽃

수박 꽃도
오이꽃도
비교할 수 없으리

탐스러운 자태
화려한 황금빛
나무도 지붕도 거칠 것 없이

저 높은 곳에서
세상을 바라보고 파
어제도 오늘도
온 힘을 다 한다

그제는
반딧불이 가두어 호롱불 만들고
어제는
꿀벌 가두어 장난감을 대신하던
그대는 황금 꽃
여왕 꽃이련만
뉘 감히 못생겼다 폄하했는가?

오늘은

깔깔한 콘크리트 아파트
한쪽 구석에
부지런한 경비아저씨와
독대를 한다.

탐스런 호박 맺어
기쁨을 드리려 한다.

마음이란

너그러울 때는
온 세상을 다 품을 수 있고

비틀렸을 때는
오래된 등나무처럼 단단하기 둘도 없지

풀어졌을 때는
지하수처럼 마르지 않고 솟아나지만

한번 상하면
바늘 하나 들어갈 수 없이 좁아진다네

보이지 않으니 다스리고 조심할 밖에

사람이 꽃보다 아름다운 이유

때로는 기뻤지만 티 내지 않으려고
때로는 슬펐지만 보이지 않으려고
한 해 동안 애쓰셨습니다.

기쁠 때 웃고 다니는 사람은 있어도
슬프다고 울고 다니는 사람은 없지요
그래서 웃고 다니는 모든 사람들이
기쁜 일만 있어서 웃는 것은 아니랍니다.
그것이 세상살이지요
사람이지요

꽃들도 말 못 할 사정이 있어요
어떤 꽃은 벌과 나비가 자주 찾는
기름진 곳에 살며 예쁘게 웃지요
사람들도 많이 찾고요
어떤 꽃은 메마른 땅에 자라
벌 나비를 못보고 슬퍼하며 시들지요
꽃들은 슬프고 힘들면 웃지 못해요

사람이 꽃보다 아름다운 이유는
슬퍼도 힘들어도 웃을 수 있다는 것이지요
혹시라도 울고 싶을 때는

가끔은 혼자 때로는 고운 친구에게 마음껏 울지요
절대로 시들지 않고 내 놓고 울지 않아요
비 개인 날 빗방울 맺힌 꽃들이 더 예쁜 것처럼
가끔은 속 시원히 울고 났을 때
우리는 더 잘 웃을 수도 있답니다
그래서 사람들은 모두 웃어요

올 한 해 웃기 위해
더 크게 웃기 위해
애쓰셨습니다.

내년에도 힘듦이 올지라도
거뜬히 웃으며 넘기고
기쁜 일이 오면 더 크게 웃는 한 해를 살자고요
혹시라도 나 혼자 눈물이 나면
고운 친구 만나 실컷 울고
더 큰 웃음으로
더 예쁜 웃음으로 한 해를 살아 보아요

휴심(休心)

엄마로부터 독립하여
끝없이 이어진 끈을 잡았네

가는 길마다
시간이 지날 때마다
찍기 시작한 점이 60이던 날

그 길이 그 끈이
직선이 아니었음을
얽히고 연결되었음을
뒤돌아보니 알게 되었네

때로는 웅덩이로
때로는 눈보라도 있었지만
또아리 튼 60개 점들이
정원이 되었음을 보게 되었네

부러울 만큼은 아닐지라도
꼼꼼히 둘러보니
웅덩이가 연못이 되고
거칠었던 돌들이 정원석이 되었네

철마다 여기저기 꽃 점들이 피고
눈보라가 있었기에
거실이 넓은 따뜻한 집도
마련하였네
더 좋은 정원을
꾸며갈 준비
그 사이 잠시 머무는 시간

마음의 휴식
휴심(休心)

□ 해설

꽃처럼 지극한 얽힘과 사랑의 서정

-은산 박병태 시인의 시집 『넘겨지지 않는 것은 추억이다』에 부쳐

홍 문 표
(시인·평론가·전 오산대총장)

은산 박병태 시인이 이번에 『넘겨지지 않는 것은 추억이다』라는 제목의 시집을 상재했다. 우선 시집 발간을 진심으로 축하한다. 박 시인이 이번에 시집을 내면서 시집 전체를 대표하는 제목을 "넘겨지지 않는 것은 추억이다"라고 한 것을 보면 추억이라는 지난 일에 대한 생각에 역점을 둔 것이고 그중에서도 넘겨지지 않는 것들에 더욱 관심을 기울인 시집이라는 것을 예상하게 한다.

시든 산문이든 일반 문장이든 그것은 모두 인간의 언어 행위이고 인간이 언어를 사용한다는 것은 바로 자신의 사상 감정을 타인이나 또는 자신에게 문자라는 기표를 통하여 구체적으로 드러내는 것이다. 따라서 그 기표에는 언술자가 의도하는 메시지, 즉 의미 내용이 있게 되는데 박 시인은 이번에 시라는 독특한 예술적 형식을 통하여 그동안 지내온 삶들을 돌이켜 보면서 그 중에서도 특별히 넘겨지지 않는 추억들을 시적으로 형상화 했다는 말이기도 하다. 그렇다면 박 시인이 이번 시집을 통하여 드러내고자 한 넘겨지지 않는 추억들의 진실은 무엇일까. 이 점에 대하여 시인은 시집 중에 있는 「넘겨지지 않는 것은 추억이다」라는 작품을 통하여 이렇게 표현하고 있다.

추억은 언제나 과거형이다
추억은 혼자 생기지 않는다
추억은 시간을 거슬러 쌓이지 않는다

추억은 바랠수록 아련하다
추억은 두 사람일 때 애절하다
추억을 꺼낼 때는 순서가 없다

추억은 넘기는 것이다
꺼낼 때도 되돌아갈 때도
추억은 넘기는 것이다

진짜 추억은
넘겨지지 않는 것이다

-「추억은 넘겨지지 않는다」

일반적으로 추억이라면 지난 일을 돌이켜 생각한다는 뜻으로 이해하기 마련이다. 추억은 과거형이라는 것이다. 당연한 말이다. 그러나 시인이 추억은 혼자 생기지 않는다. 두 사람의 관계일 때 더욱 애절하다. 바랠수록 아련하다 등으로 표현한 것을 보면 추억은 개인적인 경험이나 이성적인 생각이 아니라 더불어 살면서 경험하는 감성적인 생각이며 보다 은밀한 내면성을 지니고 있음을 지적하여 추억의 의미를 보다 심층적으로 설명하고 있다.

그러나 이 시가 드러내는 결정적인 추억에 대한 메시지는 마지막 4연의 반전에 있다. 3연에서 그는 추억은 넘기는 것이라 했다. 사실 대개의 추억들은 어쩌다 현재로 소환될 경우도 있지만 모두가 망각되기 마련이다. 그래서 그런 추억을 넘기는 추억이라 했다. 그런데 마지막 4연에서 "진짜 추억은/넘겨지지 않는 것이다"라는 구절을 선언하면서 시인이 이번 시집에서 말하는 추억의 진의가 결정적으로 드러나고 있는 것이다.

맞는 말이다. 진짜 추억은 넘겨서는 안 되는 것이다. 넘겨지는 것은 진짜 가치 있는 추억이 아니다. 진짜 추억은 과거의 사연이었지만 현재도 살아있어 현재의 나와 동행하는 사연이 되어야 한다. 아니 미래도 함께 갈 수 있어야 한다. 여기서 베르그송의 시간관, 그리고 산문과 다른 시적 시간의 진실을 함께 생각하게 한다.

고대인들의 시간의식은 원형적이어서 윤회가 있고 부활이 있다. 그러나 이성적인 근대인들의 시간의식은 직선적이고 일회적이어서 가버리면 그만인 시간이다. 거기에 불행이 있고 절망이 있다. 그런데 베르그송은 과거, 현재, 미래가 화살처럼 직선적인 근대적 시간관이 아니라 과거와 현재가 공존하는 수직적 시간관이다. 과거는 넘겨진 시간이 아니라 현재와 포개진 시간이라는 말이다. 그런데 시의 시간도 그렇다. 시의 시간은 과거가 현재 속에 살아있고 미래도 현재 속에 살아 있는 영원한 현재의 시간이다. 반면 산문의 시간이나 소설의 시간은 이미 완료된 과거의 시간이다. 그렇다면 박 시인의 넘겨지지 않는 진짜 추억의 시간은 그것이 비록 과거의 사건이지만 현재에도 계속 살아 있는 베르그송의 수직적 시간이라 할 수 있고 과거도 미래도 함께 영원한 현재로 공존하는 시적인 시간 속에 있음을 알 수 있는 것이다.

한편 관념주의 철학자 플라톤이 그랬듯이 아직도 시라면 진리와는 거리가 먼 현상을 모방하거나 그럴듯하게 사물을 꾸미는 수사학적 잔재주로 생각하는 사람들이 많다. 그러나 아리스토텔레스가 그랬듯이 의식 있는 시인들은 예나 지금이나 우주자연의 근본은 무엇이며 어떻게 살 것인가. 시를 통해 그 참된 인생의 길을 묻는 구도자의 지극한 자세가 된다. 그렇다고 철학자들처럼 사변적이고 추상적인 언술로 현실과 괴리된 그 관념적 진리를 찾지 않는다. 오히려 우주자연의 개별적인 내면을 구체적인 이미지를 통하여 우리에게 보여주는 천기누설의 친절한 예언자가 된다. 그러기에 철학자 휠더린조차 진리를 제대로 드러낼 수 있는 열쇠는 사변적인 철학이 아니라 그 진리를 이미지로 재구성하여 우리에게 보여주는 시적 은유의 길이라고 하였다.

그렇다면 박 시인이 이번 시집을 통하여 드러내고자한 보다 근본적인 문제, 즉 우주자연에 대한 성찰이나 어떻게 살 것인가에 대한 구도의 길은 무엇일까. 이 점에 대한 비밀은 그의 시집 서문 말미에서 그 단서를 드러내고 있음을 보게 된다. 그는 서문에서 "사이(시간과 시간, 공간과 공간, 사람과 사람, 추억과 추억)에서 노래하며 휴심(休心)을 통해 더 아름다운 세상을 바라보려 노력 중이다."라고 하였다. 이 문장을 보면 이번 시집의 내면적 메시지는 사이의 시학, 사이의 성찰임을 짐작하게 한다.

사이란 관계성, 인연, 만남의 존재인식이기도 하다. 인생이란 무엇인가, 우주만물은 무엇인가, 요즘 양자 역학에서는 만물의 존재 근원을 얽힘으로 규정하고 있다. 그동안 이성주의 역사에서는 국소성의 원리, 만물은 개별적이고 독립적인 것으로 서로

가 단절된 관계로 보고자 하였다. 그리고 그런 차이의 논리가 우열과 대립을 자초하는 불행의 씨앗이 되어왔다. 그런데 최근 양자역학에 이르러서는 만물의 비국소성, 즉 서로가 단절된 것이 아니라 모두가 연결되어 있다는 얽힘의 진실을 증명하고 있다. 차이가 아니라 사이, 이러한 얽힘의 관계인식은 이미 기독교에서는 하느님과 인간의 얽힘, 불교에서는 연기를 핵심으로 하고, 시학에서는 나와 너, 주체와 타자간의 얽힘과 합일을 선어언하는 것인데 박 시인도 이번 시집 서문에서 사이라는 관계성의 존재 인식을 분명히 선언하고 있는 것이다. 그렇다면 박 시인이 추구하는 사이의 시학, 바로 얽힘의 관계, 인식을 통해 드러내고자 하는 시학의 보다 구체적인 세계는 또 무엇일까.

당신은
한 눈 팔 때나 보이는 곳에
보일 듯 말 듯 피어 있지만

당신의
살짝 비친 속살은
잉크 빛 꿈속 같이
몽롱 하군요

당신은
아버지 지게 위 바작에
살포시 걸터앉아
철없이 하늘대는

각시 잠자리 같아요

어떤가요
무겁지 않지만
잠깐 내려와 손잡아 주면
안될까요?

－「달개비 꽃에 프로포즈」

꽃은 웃으며 핀다
무에 그리 좋은지 웃으며 핀다

목젖까지 보이는 호박꽃의
환한 웃음이
찢어질 듯 웃어대는 해바라기의
파안대소가
살짝이 숨어 웃는
진달래의 아름다운 뒤태가
그녀의 미소 같은 코스모스의
속삭임이
웃지 않고 핀다면 이토록 어여쁠까

알 듯 모를 듯 미소 짓는 안개 꽃
찡그리며 미소 짓는 하얀 찔레 꽃
뾰족한 입술 내민 나리꽃까지
표정은 달라도 웃지 않는 꽃이 없다

눈웃음 진 매화꽃의 매력도
웃다 지친 벚꽃의 흐드러짐도
황실의 예의 바른 능소화의 미소도
고개 숙여 웃는 할미 꽃 마저도
웃고 있어 웃음이 난다.

꽃은
웃고 있어 예쁘다

– 「꽃은 웃고 있어 예쁘다」

박 시인의 이번 시집에서 보여주는 사이의 시학, 즉 얽힘의 시학은 먼저 꽃의 존재인식에서 드러나고 있다. 이번 시집에는 꽃에 관한 시들이 많다. 제목만 보아도 연꽃, 복숭아꽃, 제비꽃, 국화, 달개비꽃, 목련, 녹두꽃, 호박꽃, 장미, 고구마꽃 등이 등장한다. 장미나 국화를 제외하고는 모두가 화려하기보다는 우리네 들녘에서 소박하게 조용히 피는 꽃들이다. 인용한 시만 보아도 달개비 꽃이다.

달개비꽃은 그렇게 대단한 꽃이 아니다. 길가에 피지만 바쁜 사람 눈엔 들어오지 않는 그런 수수한 꽃이다. 그런데 시인은 이 달개비꽃에 프로포즈를 할 만큼 꽃에 대한 열정이 대단하다. 그 이유는 당신의 속살은 잉크 빛 꿈속 같이 몽롱하기 때문이라 했다. 그 뿐이 아니다. 당신은 아버지 지게 위 바작에 살포시 걸터앉은 각시 잠자리 같다 했다. 그렇다면 달개비꽃은 시인에게 있어서 지극한 연정을 느낄 만큼 인상 깊은 꽃이고, 더구나 이 꽃에서 아버지의 지게와 바작이라는 이미지를 결합하여 그 아련한 유년기의 추억을 현재화 하고 있다. 앞서 그는 사이의 시학, 관계성의 시학이라 했다. 따라서 달개비 꽃잎 하나에서도 연인과 아버지가 공존하는 시간과 공간, 우주와 자연과 인생이 서로 연합하여 꽃으로 환생하는 개화의 신비를 결코 넘길 수 없는 추억과 동일시하여 은유적 시학의 낙원을 만들고 있다.

왜 박 시인에게 있어서 넘길 수 없는 추억의 대주제가 꽃인가. 사실 인간은 지상에 살면서 수많은 만물을 경험한다. 그러나 대개의 경험은 넘겨지는 사건들이다. 그런데 박 시인에게 있어서 꽃만은 그냥 넘길 수 없는 진짜 추억의 화신이 된다. 그 이유를 인용한 시 「꽃은 웃고 있어 예쁘다」에서 직설적으로 진술하고 있다. 바로 웃고 있다와 예쁘다 라는 명제가 그것이다. 시인은 꽃의 절대적 의미를 잡다한 현학이나 수사로 꾸미지 않는다. 웃고 있다와 예쁘다로 압축한다. 웃고 있다는 울고 있다의 상대적 의미이고 예쁘다는 밉다의 상대적 의미이다. 꽃의 절대성은 울음이라는 분열과 대결의 비극이 아니라 언제나 밝고 환한 희망이고 미움이라는 분열과 대결의 비극이 아니라 모두를 감동시키는 행복한 세상에 있다. 왜 꽃을 좋아하는가. 거기엔 어떤 사물도 도저히 도달할 수 없는 평화가 있고, 완성이 있고, 감동이 있고 넘겨지지 않는 과거의 추억이 함께 있 때문이다.

그런데 박 시인에게 있어서 꽃은 꽃만 꽃이 아니다. 시간과 시간, 공간과 공간, 인간과 인간의 관계에서도 웃음이 있고, 예쁨이 있는 사이의 세계라면 그것은 모두 다 꽃이다.

당신의 두 볼은
산수유처럼 어여쁩니다

당신의 자태는
진달래처럼 조신합니다

당신의 사랑은
목련처럼 은은합니다

당신의 웃음은
개나리처럼 화사합니다

당신의 마음은
봄 햇살처럼 따사롭습니다

그래서
당신은 봄입니다

-「봄 당신」

예쁘다 예쁘다
정말 예쁘다
너같이 예쁜 것은
처음 봤다

너를 만나면
반말부터 나온다
"야, 진짜 예쁘다"

너를 보면
말이 짧아진다
"아이고 곱다"

그리고
너를 만지면
뜬금없어진다
"사랑해"

- 「단풍」

인용한 시 「봄 당신」은 봄을 연인처럼 의인화 한 작품이다. 그가 봄이라는 계절을 예쁜 꽃으로 미화, 즉 은유화 한 것은 그녀의 볼이 산수유처럼 어여쁘기 때문이다. 자태가 진달래처럼 조신하기 때문이다. 그녀의 웃음이 개나리처럼 화사하기 때문이다. 그러니까 그가 봄이라는 시간과 공간을 연인처럼 사랑하는 것은 봄이 꽃이기 때문이다. 계절에 대한 미적 감정은 가을에서도 그대로 나타난다. 작품 「단풍」을 보면 첫 행부터 예쁘다가 반복된다. 물론 꽃 피는 봄이라든지 황홀한 가을 단풍이 시각적 감정의 표현일 수 있고, 넓게는 자연의 경이로움에 대한 일반적인 예찬일 수도 있다. 그러나 박 시인이 계절마저 연인처럼 미화하는 것은 그런 일반의 감각적 감정이 아니라 꽃 같은 세계, 꽃 같은 삶을 추구하는 그의 미학적 이상에 대한 시적 표현이라고 볼 수 있다.

이처럼 계절마저 꽃으로 미화하고 그 이유를 조신하고, 은은하고, 화사하고, 따사롭기 때문이라 한 것을 보면 그의 아름다움에 대한 인식은 단지 사물에 대한 미적인 감각을 넘어 선하고 진실한 진선미의 이상적 세계를 포괄하는 완성적 이미지로서 꽃이 동원되고 있음을 보게 된다. 그러한 세계야말로 그의 생애에서 결코 넘길 수 없는 추억의 세계요, 인연의 세계요, 사이의 세계요, 그가 꿈꾸는 세계요, 사랑의 세계가 된다.

그러나 이처럼 꽃 같이 아름다운 세계는 그냥 우연하게 되는 것이 아니라 함께 이루는 세계다. 혼자 이룰 수 있는 것이 아니라 더불어 이루어가는 것이다. 시간과 공간 그리고 인간과 인간들이 더불어 이룩하는 합일의 세계다.

혼자인 줄 알았는데
알아주는 이가
하나 더 있을 때

어려운 일이었지만
보람 있을 때

의미 있는 사람을
하나 더 만났을 때

남들은 모르지만

내가 알고 있는 일이
부끄러운 일이
아님을 알고 있을 때

생각보다 행복하다
생각할수록 행복하다

– 「행복」

당신이 가고 있는 길
내가 가고 있는 길
많은 걸 바라기보다
단지, 그 길이 만날 수 있으면
그것으로 충분합니다.

그대 힘들어할 때
위로 한마디 전할 수 있을 만큼
당신이 지쳐 있을 땐
손 뻗어 다독일 수 있는
그만큼의 거리에서
걸을 수 있다면
그것은 다행입니다.

햇살에 비친 그대의 미소
그 미소가 느껴질 수 있는 거리에서
당신을 바라볼 수 있다면
그것은 기쁨입니다.

그대의 한 걸음 뒤에서
아프지 않고, 힘들어하지 않고
똑바로 그 길을 가는 당신을 볼 수만 있다면
그것은 나에게 큰 위안입니다.

무슨 일을 하든
누구와 함께하든
행복해하는 그대를 볼 수 있다면,
그것은 나의 행복입니다.

언제나 내 가슴속에 그대가 있다면
그대 숨 쉬고 있다面
그 길에서 나 또한 지치지 않고
그 길을 가고 있다면
그것이 나의 사랑입니다.

그것이 나의 길입니다.

-「나의 길」

인간의 삶이란 끊임없는 만남의 관계다. 크게는 우주자연과의 만남이 있고, 작게는 인간과의 만남이 있다. 그것을 인연이라 한다. 그런데 인연에는 정말 행복할 수 있는 선연도 있지만 그 만남이 불행일 수 있는 악연도 있다. 그런데 박 시인에게서 자연과의 만남에서 선연이 꽃으로 환생하는 것이었다면 인간과의 만남에서 선연은 사랑이고 행복이다. 특히 박 시인의 인간과의 만남에서 선연은 먼저 가족이 있고 친구가 있고 고향이 있고 직장이 있고 아련한 유년기도 있다. 이런 사이에서 그가 꽃 같은 추억, 행복한 선연, 행복한 인간관계를 현재화 할 수 있었던 것은 혼자보다 알아주는 이가 더 있어야 함을 인식한 경우다.

작품 「행복」은 행복의 근본은 알아주는 이가 더 있을 때, 그래서 보람 있을 때, 의미가 있을 때, 떳떳할 때가 행복하다 했다. 그렇다면 박 시인에게 있어서 자연과의 관계는 꽃 같은 사이의 관계가 되고 인간과의 관계는 더불어 꽃을 피우는 행복한 사이가 되는 것이다. 이를 구체적으로, 부연한 것이 작품 「나의 길」이다. 그가 가는 길은 서로 만날 수 있는 길이다. 그 길은 서로가 위로가 되는 길이고, 그의 미소를 느낄 수 있는 길이고, 볼 수 있는 길이고, 그래서 행복한 길이다. 그러나 더욱 사랑스러운 길은 내 가슴 속에 그들이 지금도 함께 숨 쉬고 있는 일심동체의 길이고 동행의 길이다.

은산 박병태 시인의 이번 시집 『넘겨지지 않는 것은 추억이다』가 보여주는 시의 에스프리는 그의 생애를 통해 만나야 했던 인연들 중에서 결코 넘겨질 수 없는 선한 인연만을 진짜 추억으로 설정하고 그러한 인연들을 꽃이라는 시적 이미지로 승화하여 꽃 같은 세상을 꿈꾸며 꽃 같은 세상을 만들어 가는 것이었다. 왜냐하면 꽃은 웃음만 있고, 예쁘기 때문이다. 아니 진선미가 있고, 더불어 사는 얽힘이 있고, 평화가 있고, 행복이 있고, 사랑이 있기 때문이다. 따라서 박 시인의 넘겨지지 않는 추억은 꽃이고, 꽃 같은 인연이고, 꽃 같은 세상이다. 그리하여 그의 시는 얽힘과 사랑이 꽃처럼 지극한 서정시학이다.

넘겨지지 않는 것은 추억이다
박 병 태 시집

2024년 7월 10일 인쇄
2024년 7월 15일 발행

지은이 박 병 태
펴낸이 신 용 호
펴낸곳 창조문학사

서울 서대문구 홍은동 397-26 동천아카데미 5층
등록번호 제1-263호
전화 374-9011, Fax 374-5217
공급처 한국출판협동조합 전화 716-5616~9

값 12,000원
ISBN 978-89-7734-811-0